Die schönsten Geschichten für Mädchen

Die schönsten Geschichten für Mädchen

Kaufmann Verlag

Bibliografische Information der Deutschen Bibliothek

Die Deutsche Bibliothek verzeichnet diese Publikation in der Deutschen Nationalbibliografie; detaillierte bibliografische Daten sind im Internet über http://dnb.ddb.de abrufbar.

1. Auflage 2016
© 2016 Verlag Ernst Kaufmann, Lahr
Dieses Buch ist in der vorliegenden Form in Text und Bild urheberrechtlich geschützt. Jede Verwertung ist ohne Zustimmung des Verlags Ernst Kaufmann unzulässig und strafbar. Dies gilt insbesondere für Nachdrucke, Vervielfältigungen, Übersetzungen, Mikroverfilmungen und die Einspeicherung und Verarbeitung in elektronischen Systemen.

Coverabbildung: Friederike Großekettler
Druck und Bindung: Leo Paper
ISBN 978-3-7806-2988-3

Inhalt

Der Namenlose Ritter *Cornelia Funke* 7

Ein Wunsch für die kleine Fee *Isabel Abedi* 11

Der erkältete Zauberstab *Bellinda* 18

Her mit den Prinzen! *Heinz Janisch* 23

Ekelspinne *Antonia Michaelis* 30

Meerschaum und Muscheldiademe *Katharina Mauder* .. 34

Netti Spaghetti *Jutta Wilke* 42

Die unbesiegbare Ritterprinzessin *Kristin Lückel* 48

Prinzessin Stina ist krank *Antonia Michaelis* 56

Die zwei Superhexen *Maja von Vogel* 60

Schokoprinz gesucht *Stephanie Polák* 67

Cornelia Funke

Der Namenlose Ritter

Wenn König Wilfred der Wohlriechende zu einem Turnier einlud, dann strömten die besten Ritter zusammen. Denn der Siegespreis war immer ein Kuss der schönen Königstochter Eleonore. König Wilfred veranstaltete sehr viele Turniere und Eleonore musste sehr viele siegreiche Ritter küssen. Eines schönen Tages wurde ihr das zu bunt.

„Diese Ritter sind genauso hohl wie ihre Rüstungen", sagte sie zu ihrem Vater. „Sie stinken nach Rost und Schweiß und haben nichts im Kopf als ihre Schwerter und ihre Wappen. Schluss! Ich werde nie wieder einen dieser Blechköpfe küssen!"

Darüber war König Wilfred so sehr verärgert, dass er Eleonore drei Tage in den kalten Burgturm sperren ließ, zu den Ratten und Fledermäusen. Aber die Prinzessin war nicht nur schön, sondern auch sehr klug, und so nutzte sie die Zeit, um eine List zu ersinnen …

Zum nächsten Turnier ging sie brav wieder mit. Aber während der König den Rittern Eleonores Schönheit pries und dem Sieger einen Kuss von ihr versprach, tauschte die Prinzessin den Platz mit ihrer Zofe und verschwand hinter der festlich geschmückten Tribüne. Der König merkte nichts. Die Zofe trug ein Kleid seiner Tochter und vor dem Gesicht einen dichten Schleier, was sollte er da merken?

Eleonore hatte alles sorgfältig vorbereitet. Sie zog die silberne Rüstung an, die sie im Gebüsch versteckt hatte, schnallte sich

Cornelia Funke

ein Schwert um, ergriff eine Lanze und stieg auf den prächtigsten Schimmel aus dem Stall des Königs. Dann schloss sie das Visier und galoppierte auf den Turnierplatz. Vor dem Thron ihres Vaters zügelte sie ihr Pferd und senkte die Lanze.

„Ich bin der Namenlose Ritter!", verkündete sie mit verstellter Stimme. „Und ich werde jeden Ritter in den Staub werfen, der es wagt, sich mit mir zu messen."

Wilfred der Wohlriechende war verblüfft. „Wohlan, edler Ritter", sagte er. „Dann lasst den Kampf beginnen."

Die Trompeten erklangen und Sigurd von Donnerbalk, gefürchtet auf allen Turnierplätzen, ritt in die Schranken. Mit donnerndem Galopp stürmte er auf den Namenlosen Ritter zu. Aber als Sigurd noch genau einen Pferdesprung entfernt war, hängte sich der Namenlose Ritter blitzschnell auf die Seite seines Pferdes, Sigurds Lanze stieß ins Leere und Sigurd von Donnerbalk flog über den Hals seines Pferdes in den Staub.

Nummer eins.

Auf den Rängen herrschte erstauntes Schweigen. Dann brach der Jubel los. Der Namenlose Ritter ritt an den Anfang der Schranke zurück und wartete auf den nächsten Gegner.

Das war Hartmann von Hirsingen. Ihm erging es nicht besser als seinem Vorgänger. Der Namenlose Ritter stieß ihn kurzerhand mit dem Fuß aus dem Sattel.

Nummer zwei.

Es folgten Heinrich von Hirsekorn, Götz von Gruselstein und Neidhart von Fieslingen. Sie landeten alle im Staub. Der Rest der edlen Ritterschaft weigerte sich daraufhin, zum Kampf an-

Der Namenlose Ritter

zutreten. Der König erklärte den Namenlosen Ritter zum Turniersieger.

„Ich danke Euch, Majestät!", sagte der Ritter mit einer Verbeugung. „Und nun wird es Zeit für mich heimzureiten."

„Aber Euer Preis!", rief der König. „Vergesst Euren Preis nicht. Den Kuss von meiner schönen Tochter!"

„Lieber nicht", sagte der Namenlose Ritter. „Ein Kuss von Euch wäre mir lieber."

„Was?", stammelte der König. „Ähm, wie?"

Da nahm der Namenlose Ritter seinen Helm ab.

„Guten Tag, Vater", sagte die schöne Eleonore. Sie beugte sich vom Pferd herab und gab dem König einen dicken Kuss auf die Nase.

Cornelia Funke

Der war zum allerersten Mal in seinem königlichen Leben vollkommen sprachlos.

„Und nun zu euch, ihr Blechköpfe", sagte die Prinzessin und wandte sich den geschlagenen Rittern zu.

Schief und krumm, mit schmerzenden Gliedern saßen sie auf ihren Pferden und verbargen ihre schamroten Gesichter hinter den geschlossenen Visieren.

„Von heute an gilt: Wer Eleonore küssen will, muss erst mit dem Namenlosen Ritter kämpfen. Habt ihr das verstanden, ihr Blechköpfe?", fragte die Prinzessin.

Keiner der Ritter gab Antwort. Wütend rissen sie ihre Pferde herum und galoppierten vom Turnierplatz, verfolgt vom Gelächter der Zuschauer. Kein Ritter wollte je wieder mit dem Namenlosen kämpfen. Eleonore musste nie wieder einen Blechkopf küssen. Sie heiratete den Rosengärtner ihres Vaters und wurde sehr glücklich.

Isabel Abedi

Ein Wunsch für die kleine Fee

Im Leben einer jeden kleinen Fee kommt irgendwann der große Tag, an dem sie zum ersten Mal alleine in die Welt hinausdarf, um den Menschen ihre Wünsche zu erfüllen.

Für die kleine Fee Felizitas war dieser Tag heute.

Als der Morgen graute, war sie sofort hellwach und sprang mit einem wilden Satz aus dem Bett. Sie fühlte sich, als wäre sie über Nacht mindestens drei Köpfe größer geworden. Und vor Aufregung kribbelte ihr ganzer Körper, vom kleinen Zeh bis zu den Flügelspitzen.

Felizitas' Mama war fast noch aufgeregter. Schließlich war es auch für sie das erste Mal, dass ihre Tochter ganz alleine in die Welt flog.

Um sicherzugehen, dass Felizitas genug gelernt hatte, ließ ihre Mutter sie die beliebtesten Wünsche der Menschen noch einmal Probe zaubern: viel Geld, ein Allheilmittel gegen schlimme Krankheiten, ein Baby, ein schickes Auto, einen Mann fürs Leben und einen Hund.

„Kann ich jetzt endlich los und echte Wünsche erfüllen?", fragte Felizitas zappelig, nachdem sich ihr Probezauber wieder in Luft aufgelöst hatte.

„Nur noch den doppelten Luftsalto", befahl Mama Fee.

Der doppelte Luftsalto war eine wichtige Sicherheitsübung für gefährliche Situationen. Und Felizitas beherrschte ihn ebenso glänzend wie den Probezauber. Da küsste Mama Fee ihre Toch-

Isabel Abedi

ter auf die Nasenspitze und gab ihr eine allerletzte Warnung mit auf den Weg: „Manche Menschen haben ziemlich seltsame Wünsche. Pass also gut auf, auf wen du dich einlässt."
Felizitas nickte. Dann flog sie aufgeregt hinab ins Tal, dorthin, wo die Menschen wohnen.
Im Tal hatte es zu regnen begonnen. Dicke Tropfen prasselten vom Himmel herab, und Felizitas musste sich beim Fliegen immerzu mit der freien Hand über die Augen wischen, damit sie besser sehen konnte. Dann, endlich, erblickte Felizitas einen Menschen.
Es war ein junger Mann, der in seinem Garten gerade die Wäsche aufgehängt hatte. Verärgert starrte er hinauf in den Regen, als die kleine Fee auf der Dachrinne landete.
„Ich bin eine Fee", begrüßte Felizitas den Mann höflich. „Hast du einen Wunsch?"
Schlagartig hellte sich das Gesicht des Mannes auf. „Ich wünsche mir, dass es nie mehr regnet!", sagte er, ohne zu überlegen. Felizitas hatte schon ihren Zauberstab gezückt, als sie plötzlich innehielt. „Regen ist aber wichtig", sagte sie nachdenklich. Das hatte sie in der Feenschule gelernt. Die Bäume, die Blumen, ja sogar die Menschen brauchten den Regen. Der Mann war anderer Meinung.
„Regen ist lästig!", brummte er. „Ständig muss ich wegen ihm die Wäsche wieder abhängen, und außerdem verdirbt er mir die gute Laune. Also mach schon, erfülle mir meinen Wunsch!"
Felizitas schüttelte den Kopf. „Nö", sagte sie. „Diesen Wunsch erfülle ich dir nicht."

Ein Wunsch für die kleine Fee

Dann flog sie weiter und beschloss, sich einen klügeren Menschen zu suchen.

Nach einer Weile hatte es sich ausgeregnet und hinter den Wolken kam wieder die Sonne hervor. Felizitas war in den Park geflogen. Sie schüttelte ihre nassen Flügel und hielt Ausschau nach einem weiteren Menschen.

Sie hatte Glück. Ganz in der Nähe auf einer Parkbank erblickte sie gleich zwei: einen Mann und eine Frau. Die beiden fuchtelten mit ihren Händen in der Luft herum und stritten so laut, dass die Blätter an den Bäumen bebten. Felizitas holte dreimal tief Luft, dann spreizte sie ihre Flügel und flog zu den beiden hinab.

„ICH BIN EINE FEE", schrie Felizitas, um sich Gehör zu verschaffen. „HABT IHR EINEN WUNSCH?"

Die beiden Menschen hielten inne und starrten Felizitas an.

Im nächsten Augenblick rief der Mann erbost: „Und ob ich einen Wunsch habe! Ich wünsche dieser dummen Kröte eine giftgrüne Gurkennase ins Gesicht!"

Die Frau schrie gleich hinterher. „Und ich wünsche diesem Mistkerl einen rostroten Riesenrüssel an die Rübe!"

Als Felizitas sich die beiden Menschen mit ihren Wunschgesichtern vorstellte, musste sie kichern. Aber sie hatte auch gelernt, dass wirklich erfüllte Feenwünsche sich nicht wieder in Luft auflösten. Diese Wünsche blieben für immer. Und das wollte Felizitas den beiden nicht antun. „Da lässt sich leider nichts machen", seufzte sie.

Wütend hob der Mann seine Faust und die kleine Fee rettete sich erschrocken mit ihrem doppelten Luftsalto. Was für ein

Isabel Abedi

Glück, dass sie den so oft geübt hatte. Kopfschüttelnd flog sie weiter, um sich einen friedlicheren Menschen zu suchen.
Hinter dem Park begann die Stadt. Dort entdeckte Felizitas den nächsten Menschen. Ein Junge hockte auf dem Bürgersteig und bohrte in der Nase. Müde flatterte Felizitas auf ihn zu.
„Ich bin eine Fee", sagte sie und ließ kleine Funken aus ihrem Zauberstab sprühen. „Hast du einen Wunsch?"

Ein Wunsch für die kleine Fee

Der Junge überlegte einen Moment. „Ich wünsche mir, dass du für immer bei mir bleibst und mir ab sofort jeden Wunsch von der Nasenspitze abliest", sagte er listig.

Felizitas ließ den Kopf hängen. „Das geht leider nicht", seufzte sie. „Ich wohne bei meiner Mama, und bei Einbruch der Dunkelheit muss ich zu Hause sein."

Der Junge stampfte mit dem Fuß auf. „Du hast mich nach meinem Wunsch gefragt, und jetzt erfülle ihn gefälligst, du blöde Fee!"

Felizitas tippte sich an die Stirn. „Bei so einem wie dir bleibe ich schon mal gar nicht", sagte sie wütend und beschloss, sich auf der Stelle einen freundlicheren Menschen zu suchen. Doch langsam wurden ihr wirklich die Flügel schwer.

Die Sonne ging unter, als Felizitas am Rand der Stadt ein kleines Häuschen erblickte. Im Garten saß ein alter Herr und las Zeitung. „Ich bin eine Fee", flüsterte Felizitas erschöpft, als sie auf der Wiese landete. „Hast du einen Wunsch?"

Der alte Mann ließ die Zeitung sinken und lächelte Felizitas an. Dabei tanzten die vielen Falten wie kleine Strichmännchen auf seinem Gesicht herum.

„Du siehst müde aus", sagte er freundlich. „Magst du eine Tasse Schokolade?"

„Nein danke", sagte Felizitas, obwohl der Vorschlag sehr verlockend klang. „Ich bin eine Fee und möchte dir gerne einen Wunsch erfüllen."

„Das ist wirklich nett von dir", sagte der Alte. „Aber ich bin wunschlos glücklich."

Isabel Abedi

„Waaas?" Felizitas fiel vor Enttäuschung der Zauberstab aus den Händen.

Wie sehr hatte sie sich auf diesen Tag gefreut! Jetzt war er fast zu Ende, und Felizitas hatte nicht einen echten Wunsch erfüllt. Nicht einmal den kleinsten!

Und nun auch noch einem Menschen zu begegnen, der nicht einmal einen Wunsch hatte, das war einfach zu viel.

Felizitas vergrub den Kopf in den Händen und weinte.

„Oh bitte, bitte", ertönte da die Stimme des alten Mannes. „Hör auf zu weinen. Das bricht mir ja das Herz!"

Doch Felizitas dachte überhaupt nicht daran, aufzuhören.

Im Gegenteil: Sie fing erst richtig an. Sie schluchzte und schluchzte so bitterlich, dass der Alte ihr ganz verzweifelt auf die Schulter tippte.

Ein Wunsch für die kleine Fee

„Kleine Fee", sagte er. „Kleine Fee, ich glaube, ich habe doch einen Wunsch."

Felizitas hob den Kopf. „Und welchen?", fragte sie schniefend.

„Ich wünsche mir, dass du wieder lachst", sagte der Alte.

Da fühlte Felizitas ein wunderbares Kribbeln im Bauch.

„Diesen Wunsch", sagte sie, „erfülle ich dir gern."

Der alte Mann machte ein so gespanntes Gesicht, dass Felizitas fast losgelacht hätte. Aber das wäre ja nur der halbe Spaß gewesen – denn jetzt war endlich der Moment gekommen, an dem Felizitas zaubern konnte. Der Lachzauber war einer der schwierigsten, der selbst den großen Feen nicht immer gelang. In winzigen Wellenbewegungen musste man den Zauberstab durch die Luft kreisen: achteinhalbmal in die linke Richtung und neuneinviertelmal in die rechte Richtung. Dabei musste man in der Luft fliegen und an Eis mit Mayonnaise, ein tanzendes Nilpferd, eine Gurke und einen Frosch denken. Genau das tat Felizitas jetzt. Der Zauberstab sirrte und schwirrte, er glühte und sprühte, sodass dem alten Mann vor Staunen der Mund offen stehen blieb.

„Fertig", rief die kleine Felizitas und lachte aus vollem Hals. „Dein Wunsch sei dir erfüllt."

„Da bin ich aber sehr erleichtert", sagte der alte Mann glücklich. Das war Felizitas auch. Jetzt trank sie doch noch eine Tasse Schokolade mit dem alten Mann, und sie redeten und lachten, bis die Dämmerung hereinbrach.

Und dann flog die kleine Felizitas zurück nach Hause, wo Mama Fee sie schon aufgeregt erwartete.

Bellinda

Der erkältete Zauberstab

Walpurga war verzweifelt. Seit dem Morgen ging es ihrem Zauberstab gar nicht gut. Das tiefbraune Holz hatte eine grünliche Färbung angenommen, die Spitze war merkwürdig rot und tropfte, und überhaupt sprach der Zauberstab so komisch, dass sie ihn kaum verstehen konnte.

Und dann war ihm heute auch noch der einfache Frühstückszauberspruch misslungen. Statt geröstetem Wurzelbrot mit Kröteneiern und Fledermausspeck hatte er Spinat mit Himbeermarmelade auf den Tisch gezaubert. Ekelhaft. Der Zauberstab war einfach nicht mehr zu gebrauchen.

Jetzt lag er schlafend auf dem Sofa vor der Feuerstelle, wobei er immer wieder etwas murmelte. Walpurga schlich um ihn herum und beobachtete ihn. Dann befühlte sie seinen Griff und zog schnell die Hand wieder weg. Er war kochend heiß!

„Was hat er bloß?", murmelte sie und rieb sich das Kinn an der Schulter. Das tat sie immer, wenn sie nachdachte.

Der Zauberstab ruckelte, zitterte, hustete. Dann nieste er herzergreifend und vor allem so laut, dass die Bilder an den Wänden wackelten. Ein zackiger Strahl schoss aus seiner roten Spitze, und im nächsten Augenblick hatte sich der Stuhl, den der Strahl getroffen hatte, mit einem satten „Plopp" in eine grün gefederte Maus verwandelt und huschte zur Tür hinaus.

„Du bist erkältet! Ach du heilige Wurzelknolle!", rief Walpurga. Der Zauberstab öffnete zaghaft die verschwollenen Augen,

Der erkältete Zauberstab

flüsterte ein schwaches „Ojemine" und nieste erneut. Diesmal traf sein Strahl die Stehlampe mit den gelben Troddeln und verwandelte sie in einen Kerzenleuchter mit fünf Beinen. Die Stehlampe, die jetzt ein Kerzenleuchter war, flackerte erbost auf und verzog sich in eine Ecke.

„So geht das nicht. Jedes Mal, wenn du niest, zauberst du wild vor dich hin", meinte Walpurga und wollte den Zauberstab behutsam aufnehmen und nach draußen tragen, wo er weniger Schaden anrichten konnte. Aber er nieste und zauberte Walpurgas Kleid weg, sodass man ihren geringelten Unterrock und die geblümten Strümpfe sehen konnte. Walpurga wurde rot, lief zum Schrank und warf sich hastig einen Zaubermantel über.

So konnte das nicht weitergehen. Sie musste den „Zauberstab-Husten-und-Schnupfen-mit-einem-Schluck-weg-Trank" brauen, aber das ging nicht, solange der erkältete Zauberstab auf dem Sofa lag und unkontrolliert zauberte. Aber sie konnte ihn auch nicht nach draußen bringen, ohne dabei selbst verzaubert zu werden.

Vorsichtig schlich sie am Zauberstab vorbei, sprach ihm dabei tröstende Worte zu, denn er sah sehr elend aus, schnappte den Kessel, das Zauberbuch, einen Topf mit Zutaten und ging damit hinaus.

Als sie die Tür hinter sich schloss, hörte sie gerade noch, wie der Zauberstab erneut nieste und irgendetwas klirrte. Dann sah sie einen schimpfenden Teller und zwei Tassen zum Fenster hinausfliegen. Sie musste sich wirklich beeilen.

Bellinda

Der erkältete Zauberstab

Als das Feuer im Garten endlich brannte, im Hexenkessel Fledermausohren, getrocknete Fliegenpilze und Krötenhaare dampften und brodelten und zu einem Sud verkochten, stoben Blitze aus dem Haus. Kurz danach rannte der Küchentisch zur Tür hinaus und lief kreischend in den Wald. Walpurga sah gerade noch, dass er lila-gelb gepunktet war, einen Eselsschwanz hatte und Hufe an den Beinen.

Es war Zeit, dass der Trank fertig wurde.

Nach einer weiteren halben Stunde hatte die Brühe im Kessel die gewünschte Farbe angenommen, und die Hexe konnte den Trank in eine Tasse füllen.

Forsch ging sie ins Haus und traute ihren Augen kaum. Der Teppich flog aufgeregt durch das Zimmer, die Stühle standen zitternd hinter dem Sofa, einige Tassen kegelten mit ihrer Kristallkugel. Ihr rosa Lieblingskissen war in einen rosa Papagei mit Fransen verwandelt worden und saß nun aufgeregt auf dem fliegenden Teppich.

„Ach du meine Güte. Bis ich das alles wieder zurückverwandelt habe, bin ich alt und bucklig."

Sie schlich vorsichtig an den Zauberstab heran, der keuchend auf dem Sofa lag. Mittlerweile hatte er sich dunkelgrün verfärbt und sah noch elender aus als vorher.

Gerade als sie ihm die Tasse an die Lippen setzte, musste er wieder niesen und traf Walpurga. Die Tasse polterte zu Boden und Walpurga machte „quak" – sie war ein Frosch geworden.

„Entschuldige", murmelte der Zauberstab, rollte zu Boden, trank von der verschütteten Brühe und schlief ein.

Bellinda

Es dauerte Stunden, bis er wieder erwachte, aber es ging ihm besser, und er konnte Walpurga zurückverwandeln. Nur zweimal musste er noch niesen. Dabei wurde Walpurgas Haar zu einem Vogelnest und das Sofa zu einem Boot. Dann wirkte der Trank und der Zauberstab war wieder gesund.

Heinz Janisch

Her mit den Prinzen!

Es war einmal ein König, der hatte eine Tochter.
„Wer den Drachen in unserem Land besiegt, darf die Prinzessin heiraten!", ließ der König eines Tages verkünden.
„Aber Papa", sagte die Prinzessin beim Frühstück, „bei uns gibt es überhaupt keine Drachen."
„Ach was", brummte der König. „Irgendein Drache wird sich schon finden lassen. Die Geschichte mit dem Drachen hat noch in jedem Märchen funktioniert."
Zum Glück wurde schon zwei Tage später ein Drache in einer Höhle gesehen.
„Er ist nicht besonders groß", berichteten die Boten.
„Egal!", rief der König. „Hauptsache, ein Drache. Also – her mit den Prinzen!"
Vor dem Schloss warteten sechs Prinzen.
„Immer diese Sache mit den Drachen", murrte einer. „Das kenne ich schon. Zuerst der Drache, dann die Prinzessin! Einmal habe ich so lange mit einem Drachen gekämpft, dass wir beide vor Erschöpfung schon nicht mehr stehen konnten. Dann kam der nächste Prinz an die Reihe. Der sagte nur ‚Huch!', und der Drache fiel um. Natürlich hat er die Prinzessin bekommen und nicht ich."
„Ich kämpfe schon seit Jahren gegen Drachen – und verheiratet bin ich noch immer nicht", jammerte ein anderer. „Das ist mein letzter Versuch. Dann wechsle ich den Beruf."

Heinz Janisch

Der König erschien in einem prachtvollen Mantel, den er sich extra hatte anfertigen lassen, auf dem Balkon. Der Mantel war mit dem Kopf eines Drachen bestickt. Die Prinzessin versteckte sich hinter dem Vorhang und hörte zu.

„Wer befreit die Prinzessin aus den Klauen des Drachen?", rief der König mit bebender Stimme. „Wer erlöst die Drachenprinzessin? Wer kämpft mit dem Ungeheuer um die Hand meiner schönen Tochter? Wer hat den Mut dazu?"

Die sechs Prinzen hoben müde die Hand.

Einzeln wurden sie zur Höhle des Drachen geschickt.

„Ich habe das ewige Kämpfen satt!", fauchte der Drache den ersten Prinzen an. „Immer nur kämpfen! Lass uns um die Wette laufen. Wenn du schneller bist, hast du gewonnen."

Der Prinz war einverstanden.

Sie rannten dreimal um einen großen Felsen herum.

Aber schon nach der ersten Runde hatte der Drache den Prinzen überholt.

Zum zweiten Prinzen sagte der Drache: „Kannst du einen Handstand auf einer Hand? Wenn ja, dann hast du gewonnen!"

Der Drache machte es ihm vor. Der Prinz versuchte es. Aber er war viel zu ungeschickt und fiel auf die Nase.

Der dritte Prinz bekam vom Drachen eine lange Feder in die Hand gedrückt. „Wir werden uns gegenseitig kitzeln!", sagte der Drache. „Wer zuerst lacht, hat verloren."

Her mit den Prinzen!

....

Nach zwölf Sekunden begann der Prinz das Gesicht zu verziehen, dann kicherte er, und schließlich lachte und lachte er, dass ihm die Tränen über die Wangen rollten.

Heinz Janisch

Als der vierte Prinz zur Höhle kam, warf ihm der Drache eine Kirsche zu. „Lass uns um die Wette spucken! Wenn dein Kirschkern weiter fliegt als meiner, dann hast du mich besiegt."
Der Prinz freute sich. Im Weitspucken hatte er schon einmal gegen alle Prinzen des Landes gewonnen. Er stellte sich auf und spuckte. Sein Kern flog weit ins Land hinein, fast bis zum Fluss. Der Drache nickte anerkennend. „Nicht schlecht", sagte er.
Dann spuckte er. Sein Kirschkern flog und flog, er segelte in einem hohen Bogen durch die Luft, über den Fluss hinweg und weiter noch.
„Spielen wir Verstecken", sagte der Drache zum fünften Prinzen. „Wer den anderen findet, hat gewonnen."
Zuerst versteckte sich der Drache. Der Prinz lehnte sich an die Felswand, schloss die Augen und zählte bis hundert. Dann machte er sich auf die Suche nach dem Drachen. Aber er konnte ihn nirgendwo finden. Der Drache sprang aus dem Dickicht. „Und jetzt bist du an der Reihe!"
Der Prinz versteckte sich. Aber schon nach wenigen Minuten sah ihn der Drache auf einem hohen Baum sitzen.
„Kannst du Fußball spielen?", fragte der Drache den sechsten Prinzen. „Hier ist ein Fußball. Wenn du fünf Mal in die kleine Höhle da oben triffst, dann hast du gewonnen."
Der Prinz legte sich den Ball zurecht. Dreimal traf er die Höhle, zweimal prallte der Ball vom Felsen zurück. Der Drache holte sich den Ball. Dann schoss er fünf Mal genau in die Höhle.
Die sechs Prinzen reisten beleidigt ab.
„Ich hab gewusst, dass das wieder nichts wird!", sagte einer.

Her mit den Prinzen!

„Mir reicht's", brummte ein anderer. „Ich kann schon keine Drachen mehr sehen. So macht das Prinzsein keinen Spaß mehr."
Sie zogen davon, und man hörte nie wieder etwas von ihnen.
Nach sieben Tagen kam ein siebter Prinz. Auch er wurde zum Drachen geschickt. Der Drache blickte neugierig aus der Höhle. Der Prinz sah ihn lange an. Dann verbeugte er sich.
„Gegen einen Drachen mit so schönen Augen kämpfe ich nicht", sagte er. „Tut mir leid."
Er drehte sich um, ging zu seinem Pferd und ritt zurück ins Schloss.
„Mit der Hochzeit wird es nichts", sagte der Prinz zum König. „Gegen einen Drachen mit so schönen Augen will ich nicht kämpfen."
Noch bevor der erstaunte König antworten konnte, wurde die Tür zum Schlosssaal weit aufgerissen. Alle wichen erschrocken zurück. Der Drache stürmte den Saal.
„Hilfe! Wache! Zu Hilfe!", rief der König.
Der Drache nahm den Kopf ab – und die Prinzessin kam zum Vorschein.
„Ich war der Drache!", rief sie. „Die ganze Zeit über! Ich wollte mir die Prinzen anschauen, die um mich kämpfen. Aber leider hat mich keiner von ihnen interessiert. Aber der da –", sie deutete auf den Prinzen, „der da hat mir gefallen."
Der Prinz blickte verlegen zu Boden.
„Kannst du Fußball spielen, Kirschkerne weit spucken, dich gut verstecken, schnell laufen und einen Handstand auf einer Hand?", fragte die Prinzessin.

Heinz Janisch

„Na ja", sagte der Prinz. „Es geht so."
„Bist du kitzelig?", fragte die Prinzessin.
„Sehr sogar!", sagte der Prinz.
Die Prinzessin dachte kurz nach.
„Macht nichts", seufzte sie. „Ich mag dich trotzdem. Von mir aus können wir heiraten. Ich meine – wenn du mich haben willst."

Her mit den Prinzen!

„Und ob ich das will!", sagte der Prinz und wurde rot.

Der König wischte sich den Schweiß von der Stirn. „Na endlich", sagte er.

Schon am nächsten Tag wurde geheiratet. Im ganzen Land sprach man von der Drachenprinzessin und ihrem Prinzen. Und wenn sie nicht gestorben sind, dann …

Antonia Michaelis

Ekelspinne

Alle kleinen Mädchen wünschen sich ein Haustier. Alle kleinen Elfen auch. Bei kleinen Mädchen, das weiß man, sind Hamster, Meerschweinchen, Katzen und Kaninchen beliebt. Weniger beliebt sind Hyänen, Fledermäuse, Feuerquallen, Schlangen und Stachelschweine. Bei Elfen sind beliebte Haustiere Schmetterlinge, Libellen, Zwergmäuse und Kolibris. Nicht so gern genommen werden Mistkäfer, Kakerlaken, Ohrwürmer, Nacktschnecken und Motten.

Die Elfe Tina wünschte sich auch ein Haustier. Sie quengelte so lange, bis ihre Eltern „naaagut" sagten und mit ihr ins Kleinst-Tierheim fuhren.

„Was für ein hübsches Pfauenauge!", rief Tina und zeigte auf einen Schmetterling.

„Leider kann man das nur zusammen mit dem Pfau in Pflege nehmen, der danebenwohnt", erklärte die Tierheim-Direktorin. „Die beiden sind die besten Freunde, und alleine beginnt der Pfau, sich einzubilden, er wäre blind."

„Schade", meinte Tina. „Und diese Haselmaus?"

„Die muss zurzeit dableiben", sagte die Direktorin. „Sie hat die Hasern."

„Dann möchte ich den Goldkäfer hier", entschied Tina, „der glänzt so schön."

„Man muss ihn allerdings jeden Monat einmal neu vergolden", erklärte die Direktorin.

Ekelspinne

„So ein teures Tier geht nicht", sagten Tinas Eltern.
Im allerletzten Käfig saß eine große, haarige Spinne.
„Das ist Gerlinde", sagte die Tierheim-Direktorin. „Sie kam mit schlimm verknoteten Beinen zu uns, und seit wir sie repariert haben, sucht sie ein neues Zuhause. Wir haben sie schon in der Fernsehsendung zu vermitteln versucht, aber bisher wollte niemand sie haben. Dabei ist sie lichtecht und stubenrein."
„Nimm doch die", meinte Tinas Mutter. „Die fängt die lästigen Fliegen für uns!"
„Wie treuherzig sie guckt!", rief Tinas Vater, der ein weiches Herz hatte.
Und ehe Tina etwas sagen konnte, hatten sie die Spinne in einen Korb gepackt.
„Freust du dich über dein neues Haustier?", fragte ihre Mutter.
„Geht so", knurrte Tina.
Am nächsten Tag kamen die Elfe Sissi mit ihrem Zitronenfalter und die Elfe Mini mit ihrem Zwerg-Kanarienvogel vorbei. Tina band der Spinne Gerlinde eine Leine um und führte sie Gassi. Sissi und Mini schüttelten die Köpfe.
„Was für ein hässliches Haustier", sagten sie. „So haarig. Gar nicht niedlich."
Am Abend gab Tina der Spinne Gerlinde aus einer Dose eingemachte Fliegen. Gerlinde knickste mit ihren acht Beinen und aß sehr manierlich.
„Warte nur", sagte Tina, „ich gebe dich trotzdem zurück, sobald ich kann."
Da sah Gerlinde traurig aus.

Antonia Michaelis

Am nächsten Tag in der Schule fragte Mini: „Kommst du heute Abend mit ins Theater, wenn wir mit der ganzen Klasse hingehen?"
„Och, weiß nicht", meinte Tina. „Ich habe gar kein feines Kleid."
„Wer eine Ekelspinne als Haustier hat", sagte Sissi, „hat auch kein feines Kleid." Und Tina ärgerte sich sehr. Als sie an diesem Tag ihre Hausaufgaben machte, hopste die Spinne Gerlinde auf

Ekelspinne

ihren Schoß. Doch Tina dachte ans Theater und vergaß, sie wegzujagen. Irgendwann schlief sie aus Langeweile über den Hausaufgaben ein, und so merkte sie gar nicht, dass Gerlinde von ihrem Schoß auf ihre Schulter kletterte … und von da aus ihren Rücken hinunter …

Sie erwachte davon, dass jemand an die Blüte klopfte, die ihr Zimmer war: Mini. „Kommst du nun mit ins Thea …", begann sie. „Wow! Was für ein tolles Kleid!"

Tina sah an sich hinab. Sie steckte vom Hals bis zu den Zehen in weißer, glitzernder Spitze, als hätte jemand sie darin eingesponnen. Ihr Blick fiel auf Gerlinde, die hechelnd vor ihren Füßen saß. Sie hatte gerade den letzten Knoten am Saum des Kleides gemacht und sah sehr stolz aus.

Da bückte sich Tina und nahm Gerlinde auf den Arm. Auf einmal fühlten sich ihre haarigen Beine nicht mehr eklig an, sondern weich und kuschelig.

„Nimmst du die Ekelspinne etwa mit?", fragte Mini entsetzt.
„Logo", sagte Tina. „Und außerdem heißt sie Gerlinde."

Katharina Mauder

Meerschaum und Muscheldiademe

„Kämmt mir die Haare! – Feilt mir die Nägel! – Bringt meinen Schuppenschwanz zum Glänzen!", rief Prinzessin Nerina ihren Dienern zu. Und sofort schossen diese wie Harpunenspitzen durch das Wasser, schwammen hierhin und eilten dorthin, um alle Wünsche ihrer Prinzessin so schnell wie möglich zu erfüllen. Sie flitzten von wässrigen Puderquasten zu grellbunten Unterwasserblumen, drehten Locken auf kostbare kleine Korallen und flochten Schmuckstücke aus den prächtigsten Perlen. Sie holten seltene Pflanzen, deren Saft die samtweiche Prinzessinnenhaut noch samtweicher machte. Und sie nähten sich alle Hände und Flossen wund, um die zierlichsten und zartesten Meerjungfrauenkleider zu schneidern, die das Königreich je gesehen hatte.

„Wahnsinn", hauchte eine noch ganz junge Meerjungfrau beim Anblick dieses wimmeligen Wassergewusels.

Svea hatte heute, nach wochen- und monatelangem Bitten und Betteln, mit zur Arbeit ihrer Mutter schwimmen dürfen. Endlich, endlich konnte sie die Prinzessin und den königlichen Palast mit eigenen Augen sehen. Sie war ja so aufgeregt! So viele Diener, die Prinzessin Nerina umsorgten. Wie das wohl war, wenn alle immer so nett waren und einem jeden Wunsch von den Augen ablasen? Und all die wundervollen Kostbarkeiten

Meerschaum und Muscheldiademe

und schönen Kleider – ach, es musste so herrlich sein als Prinzessin! Svea konnte sich gar nicht sattsehen.

„Svea, jetzt schwimm doch nicht ständig im Weg herum. Sonst nehme ich dich nie wieder mit zum Wellenpalast!"

Bei dieser Drohung ihrer Mutter musste Svea kräftig schlucken und huschte flink zur Seite. Aber ... oh! Was trug denn die Dienerin dort hinten für herrliche goldene Kämme auf ihrem Tablett?! Und *rumms*, war Svea genau gegen einen jungen Tintenfisch geschwommen, der mit seinen vielen Armen gerade Dutzende der prächtigsten Wasserblumen sortierte. Vor Schreck bildete sich eine kleine Wolke tintenblaues Wasser um ihn, und er beeilte sich, die empfindlichen Blüten weg von der Tinte zu halten.

„Oje, oje, oje, das tut mir wahnsinnig leid", beteuerte Svea eilig und hätte sich vor Scham am liebsten in der Tintenwolke versteckt.

Jetzt würde sie bestimmt nie wieder zum Palast mitkommen dürfen. Wie konnte sie nur so ungeschickt sein?!

Doch da huschte ein freches Funkeln über das Gesicht des Tintenfischs. „Ach, ist ja nichts weiter passiert", sagte er mit einer leicht näselnden Stimme, und während er mit zweien seiner Arme abwinkte, steckte ein dritter eine der nun blaustichig gewordenen Blumen an die Seite seines Kopfes. „Immerhin darf ich jetzt auch mal eine so kostbare Blume tragen. Ist ja ruiniert", grinste er. „Steht mir doch gut, oder? Ich bin übrigens Christopher."

„Svea", murmelte die kleine Meerjungfrau.

Katharina Mauder

„Nanu? Schätzchen, wieso guckst du denn wie sieben Tage Sturmflut und Ebbe auf einmal? Die paar farbverunglückten Blumen sind doch nicht das Ende der Welt."
„Aber es waren die Blumen von Prinzessin Nerina! Wenn sie herausfindet, dass ich einfach ihre Sachen kaputt gemacht habe, kann sie mich bestimmt gleich nicht leiden", erklärte Svea unglücklich.
Christopher zog kurz die Augenbrauen nach oben. „Ach du große Algenattacke, du musst ja ein sehr großer Prinzessinnenfan sein. Na, ich drücke dir alle zehn Daumen, dass du

Meerschaum und Muscheldiademe

damit nicht auf deine bezaubernde Stupsnase fällst." Und noch bevor Svea nachfragen konnte, was er damit meinte, zwinkerte Christopher ihr fröhlich zu und fragte: „Was hältst du davon, mir ein bisschen zu helfen, Kleines? Prinzessin Nerina hat sich für heute einen aufregenden Kopfschmuck gewünscht. Und schließlich kann man nie genug Arme ... äh Hände ... haben." Hatte Svea gerade richtig gehört? Sie sollte helfen, ein besonderes Schmuckstück für die Prinzessin zu machen? Wollte Christopher sie auf einen seiner vielen Arme nehmen?

„Hast du denn keine Angst, dass ich nach den Blüten noch mehr kaputt mache?", fragte sie zögerlich.

„Ach Quatsch, los geht's! Ich habe überlegt – normale runde Kronen kann ja jeder", erklärte Christopher, während Svea mit riesigen strahlenden Augen zuhörte. „Und deshalb bekommt Prinzessin Nerina heute von uns ein Diadem!"

Oh ja, was für eine tolle Idee! Svea nickte aufgeregt. Und dann durchsuchten die beiden die königlichen Vorräte nach passendem Material. Sie schauten in Körben und Kästen, in Schachteln und Bündeln und Truhen. Sie wühlten in edlen Tüchern und sortierten die bezaubernd schönen aus den nur normal schönen Muscheln heraus. Doch Christopher war noch nicht zufrieden. „Es geht hier schließlich um ein Diadem für eine Prinzessin!", stellte er eifrig fest. Dann leuchteten seine Augen auf. „Na klar, ich hab's! Komm mit!", rief er und zog Svea überschwänglich hinter sich her.

Ein paar Stunden später hatten Christopher und Svea tatsächlich ein Muscheldiadem gefertigt, das prächtiger war, als Svea

es sich jemals hätte träumen lassen. Sie konnte ihren Blick gar nicht von dem so überaus herrlichen Edelstein nehmen, der in der Mitte des Kopfschmucks in allen Regenbogenfarben glänzte. Und sie konnte es auch kaum erwarten, dass Christopher Prinzessin Nerina das Diadem überreichte. Wie überglücklich sie wohl aussehen würde. Wie oft sie sich bei Christopher bedanken würde. Und bestimmt sah sie mit dem Diadem noch wunderschöner aus als sonst.

Dann endlich war es so weit. Christopher durfte voller Stolz zum Prinzessinnenthron schwimmen – auf vieren seiner Arme ruhte das Muscheldiadem, das er mit einer tiefen Verbeugung überreichte. Svea hielt gebannt den Atem an und sah, wie Prinzessin Nerina nach dem Muscheldiadem griff – fast ein bisschen grob sah das aus. Sie drehte und wendete es, dann legte sie es beiseite.

„Es ist ganz schön. Aber irgendwie nicht das Richtige für heute", stellte Nerina nachdenklich fest.

Was? Wie meinte sie das bloß? Sollte das etwa alles gewesen sein? – Svea sah, wie Christopher die Prinzessin anstarrte und einmal schluckte. Zitterte da etwa seine Unterlippe? Nerina konnte doch nicht … einfach so … die ganze Mühe nicht zu schätzen wissen. Der arme Christopher!

„Ihr könnt jetzt gehen, Sebastian", erklärte Nerina in dem Moment ungerührt.

„NEIN!", platzte es da aus Svea heraus. Von den Dienern und königlichen Gästen war ein Raunen und Murmeln zu hören. Doch bevor Svea über sich selbst erschrocken sein konnte, re-

Meerschaum und Muscheldiademe

dete sie einfach weiter: „Das ist nicht Sebastian! Sein Name ist Christopher! Kennst du deine Diener denn gar nicht? Obwohl ihnen nichts wichtiger ist, als sich jeden Tag um dein Wohlergehen zu bemühen?"

Svea konnte an Nerinas weit aufgerissenen Augen sehen, dass wahrscheinlich noch niemals irgendjemand so mit ihr gesprochen hatte. Und da bemerkte Svea auch die Blicke aller anderen Anwesenden, die auf ihr ruhten, und sie wurde schlagartig rot. Nerina räusperte sich. „Aber das ist doch die Aufgabe der Diener – mir meine Wünsche zu erfüllen", sagte sie mit einer merkwürdig dünnen Stimme.

„Ja, das schon", antwortete Svea nun etwas leiser. „Aber Christopher hat heute sein Leben riskiert, um den Edelstein für dieses Diadem zu finden. Er stammt aus der dunkelsten und finstersten Schlucht, in der wahrscheinlich Dutzende Seeungeheuer und Meerhexen hausen. Und hast du seinen vorderen Arm mit dem Verband gesehen? Den hat er sich durch einen gefährlichen Strudel verrenkt, der ihn auch fast ganz fortgerissen hätte. Alles nur, um dir eine Freude mit diesem wundervollen Diadem zu machen, das du einfach weglegst, ohne auch nur Danke zu sagen!"

Svea merkte, wie sich ihre Hände zu Fäusten geballt hatten und wie sie mit jedem Satz wieder lauter geworden war. Den Schluss hatte sie fast geschrien. Und nun herrschte Totenstille. So eine tiefe Stille, dass Svea schließlich nervös die Daumen in ihren Fäusten zu kneten begann. Was würde Prinzessin Nerina jetzt wohl mit ihr machen? So durfte man schließlich nicht mit einer Prinzessin reden. Das wusste jeder!

Meerschaum und Muscheldiademe

„Danke", flüsterte Nerina in dem Moment, und Svea traute ihren Ohren kaum. „Darüber habe ich mir noch nie Gedanken gemacht", gab die Prinzessin leise zu. „Und es hatte wohl auch noch nie jemand den Mut, es mir zu sagen. Danke!"
Svea hatte es die Sprache verschlagen. Sie hatte mit allem gerechnet – aber damit? Und auch Christophers Augen schienen fast aus seinem Kopf zu purzeln. Alles, was Svea in dem Moment zustande bekam, war ein kleines unsicheres Lächeln.
„Vielleicht willst du mich irgendwann mal wieder besuchen kommen?", fragte nun die Prinzessin. Dann fügte sie nachdenklich hinzu: „Es könnte wirklich Spaß machen, mit jemandem Zeit zu verbringen, der nicht ständig nur höflich ist."
„Äh, äh ..." Svea musste sich räuspern. „Gerne! – Aber ... jetzt sollte ich mit Christopher erst einmal die übrigen Muscheln und Tücher wieder aufräumen", sagte sie und warf dem Tintenfisch einen vielsagenden Blick zu.
Die Prinzessin nickte immer noch lächelnd. Und dann war Svea froh, endlich zusammen mit Christopher aus dem Blickfeld des Hofstaates entschwimmen zu können.
„Puh! Ich glaube, ich wurde noch nie von so vielen Augen angestarrt", grinste sie kurz darauf. „Prinzessin Nerina geht das immer so. Ach, ich glaube, ich bin doch ganz froh, nur eine kleine einfache Nixe zu sein!"
„Ach Schätzchen, du bist fantastisch!", rief Christopher glücklich. Und da bekam Svea die beste zehnarmige Tintenfisch-Umarmung ihres Lebens.

Jutta Wilke

Netti Spaghetti

Schon wieder Gemüse zum Mittagessen! Wütend pfeffert Anna den Rucksack in die Ecke. Da hört sie ein Geräusch. Auf ihrem Bett sitzt etwas und weint.

Das Etwas ist ungefähr so groß wie Annas Teddy und hat blaue Locken auf dem Kopf. Es trägt ein grünes Kleid, aus dem zwei spindeldürre Arme und zwei nackte Beinchen herausgucken.

„Nanu, wer bist du denn?", fragt Anna.

„Ich bin Netti. Netti Spaghetti."

„Heißt du wirklich Spaghetti?" Anna staunt. Dann entdeckt sie die Flügel auf Nettis Rücken. „Du bist ja eine Fee!"

Die kleine Fee nickt. „Ich heiße so, weil ich so gerne Nudeln esse." Als Netti Nudeln sagt, fangen ihre Augen richtig an zu leuchten.

Anna jubelt. „Ich liebe Nudeln!"

„Ich auch", seufzt die kleine Fee. „Und ich habe schon so lange keine mehr gegessen."

Eine dicke Träne kullert über ihre Nase. „Ich muss unbedingt drei Wünsche erfüllen", schluchzt sie. „Das ist unsere Abschlussprüfung in der Feenschule. Aber ich finde einfach niemanden, der einen Wunsch hat."

Eigentlich klingt das toll, findet Anna. Wünsche erfüllen als Abschlussprüfung.

„Ich habe ganz viele Wünsche!"

Netti Spaghetti schüttelt den Kopf. „Das geht nicht", erklärt sie.

Netti Spaghetti

„Die Menschen dürfen mich beim Wünschen nicht sehen."
„Dann mache ich die Augen zu!"
„Das gilt nicht. Du hast mich ja schon gesehen."
Da hört Anna ein leises Knurren. „War das dein Bauch?"
Netti wird dunkelrot im Gesicht. „Ich habe Hunger. Und wenn ich Hunger habe, kann ich nicht richtig zaubern. Weil ich dann immer an Nudeln denken muss."
Sie erklärt Anna, dass Feen nur im Feenreich etwas essen können. Und ins Feenreich darf Netti erst zurück, wenn sie es geschafft hat, drei Wünsche zu erfüllen.
„Komm mit!" Anna schnappt sich ihren Rucksack, setzt Netti hinein und stürmt mit ihr die Treppe hinunter.
Draußen im Garten treffen sie Opa, der gerade Äpfel erntet.
„Hallo Opa", ruft Anna. „Wenn ich eine Fee wäre, was würdest du dir wünschen?"
„Ich würde mir wünschen, dass keine Äpfel mehr am Baum hängen."
Aus Annas Rucksack schweben kleine blaue Wölkchen und rosa Sterne. Anna reißt die Augen auf. Alle Äpfel sind verschwunden. Dafür hängt der Baum jetzt voller Nudeln. Überall an den Ästen, lange und kurze.
Opa macht den Mund auf und will etwas sagen. Da rieseln ihm ein paar winzige Suppennudeln auf die Nase.
„Kannst du nicht mal an was anderes denken als an Nudeln?", zischt Anna und läuft aus dem Garten.
„Aber die Äpfel sind verschwunden", kichert Netti.
Da kommt der Briefträger um die Ecke.

Netti Spaghetti

„Hallo!", ruft Anna. „Wenn ich eine Fee wäre, was würdest du dir wünschen?"

„Wenn du eine Fee wärst?" Der Briefträger überlegt. „Dann würde ich mir wünschen, dass ich keine Rechnungen mehr in meiner Tasche hätte. Alle schimpfen, weil ich immer nur Rechnungen bringe."

Hoffentlich geht das gut, denkt Anna.

„Huch, was ist das denn?", ruft der Briefträger erschrocken.

Wo vorher noch dicke Briefe mit Rechnungen rausguckten, liegt jetzt ein großer Berg Tortellini. Mit Sahnesoße.

„Da hol mich doch der Kuckuck", staunt der Briefträger und kratzt sich am Kopf. „Ich wollte sowieso gerade eine Pause machen." Er setzt sich auf eine Mauer und fängt an zu essen.

Schnell läuft Anna zum Park. „So geht das nicht weiter. Wenn du immer nur Nudeln zauberst, kommst du nie zurück ins Feenreich."

„Aber die Rechnungen sind doch verschwunden", grinst Netti. „Wunsch also erfüllt."

Nie hätte Anna gedacht, dass Feen so anstrengend sein können.

Eine Oma setzt sich zu Anna auf die Bank und blinzelt fröhlich in die Sonne. „An so einem schönen Tag ist man doch wunschlos glücklich. Nicht wahr?"

Sie strahlt Anna an. Aus Annas Rucksack dringt ein Jammern. „Hast du gar keine Wünsche?", fragt Anna schnell und gibt dem Rucksack einen Schubs. Hoffentlich hält Netti jetzt die Klappe.

Jutta Wilke

„Nicht den klitzekleinsten!" Fröhlich schlenkert die Oma mit den Beinen.

„Aber wenn ich eine Fee wäre, was würdest du dir dann wünschen?" So schnell gibt Anna nicht auf.

„Wenn du eine Fee wärst?" Die Oma lacht. „Ich würde mir einen neuen Hut wünschen."

Oh nein, bitte nicht, denkt Anna noch. Aber es ist zu spät.

„Huch! Was ist das denn?"

Anna stöhnt. Auf Omas Kopf sitzt ein Hut. Und auf dem Hut ringeln sich lustige Spiralnudeln.

Netti Spaghetti

„Wo kommen die denn auf einmal her?" Vorsichtig nimmt sie den Hut ab.

Anna schnappt sich den Rucksack und läuft über die Wiese. Langsam bekommt sie richtig Hunger. Wünsche erfüllen ist echt anstrengend.

„Ich wünschte, mein Rucksack wäre auch mal voller Nudeln", seufzt sie.

Wie auf Kommando schweben kleine blaue Wölkchen und rosa Sterne aus Annas Rucksack.

„Juchhu! Es funktioniert! Obwohl du mich gesehen hast! Jetzt bin ich eine richtige Fee!" Netti Spaghetti flattert auf Annas Schulter.

Aus dem Rucksack quellen Spaghetti. Überall hängen sie raus, sogar aus dem kleinen Fach an der Seite. Obendrauf ist Tomatensoße. Und Parmesankäse.

Netti strahlt und winkt.

„He, warte!", ruft Anna. Aber da ist die kleine Fee auch schon verschwunden.

„Mach's gut, Netti Spaghetti", murmelt Anna.

Dann fängt sie an zu essen. In ihrem Rucksack sind die besten Spaghetti, die sie je gegessen hat. Echte Netti-Spaghetti eben.

Kristin Lückel

Die unbesiegbare Ritterprinzessin

Puh, Leni wischt sich erschöpft über die Stirn. Prinzessin zu sein, ist gar nicht so einfach! Ständig muss man den Dienern mitteilen, was sie zu tun haben, und der Zofe sagen, was man anziehen will. Die Köchin muss informiert werden, welches königliche Mahl sie zubereiten soll, und auch dem Kutscher muss man Bescheid geben, wohin man fahren will. Und als ob das alles nicht schon genug wäre, hat man auch noch ständig darauf zu achten, dass der Hofmarschall nicht auf dem edlen Prinzen herumkaut.

Ja, das Leben als Prinzessin ist nicht leicht. Umso besser, dass Leni nur manchmal eine Prinzessin ist. Die meiste Zeit ist sie nämlich ein ganz normales kleines Mädchen. Und wie viele Mädchen findet sie nichts auf der Welt schöner, als Prinzessin zu spielen. Klar, Mama ist nicht immer ganz glücklich, als Magd oder Köchin bezeichnet zu werden, und Papa rollt immer mit den Augen, wenn sie ihn Kutscher nennt. Aber alles in allem hat Leni sich ein wundervolles Königreich aufgebaut.

Den Familienhund Olli hat Leni kurzerhand zum Hofmarschall ernannt. Ein Hofmarschall kündigt jeden an, der mit der Prinzessin sprechen möchte. Das weiß Leni aus ihren Prinzessinnenbüchern. Und da Olli sowieso immer bellt, wenn jemand an der Tür klingelt, ist er einfach der perfekte Hofmarschall

Die unbesiegbare Ritterprinzessin

für Prinzessin Leni. Manchmal ist Olli aber auch der Hofnarr, denn wenn er sich im Kreis dreht, um seinen Schwanz zu fangen, muss Leni so doll lachen, dass ihr der Bauch wehtut.

Nur ein Prinz fehlt noch in Lenis Königreich. Olli kommt hierfür natürlich nicht infrage. Wer hat denn schon einmal von einem Prinzen auf vier Pfoten gehört?! Und leider wohnen Lenis Freunde aus dem Kindergarten zu weit weg, um schnell mal zum Spielen vorbeizukommen. Daher hat Leni ihren Teddy Brummel zum Prinzen gemacht und ihm extra eine kleine Krone aus goldener Folie gebastelt. Die sieht genau wie ihre eigene aus, damit sich Brummel auch ja richtig königlich fühlt.

Und so sitzt Leni heute mal wieder in ihrem schönsten Kleid und mit ihrer selbst gebastelten Krone im Garten auf einer Decke und hält Hof. Alle ihre Puppen und Stofftiere sind anwesend und starren Leni stumm an. Und Hofmarschall Olli liegt ausgestreckt neben der Decke und hebt nur ab und zu den Kopf, wenn jemand auf dem Gehweg entlangläuft.

„Zofe, wo sind meine rosa Schuhe? Die brauche ich für den großen Ball heute Abend." Erwartungsvoll blickt Leni ihre Puppe Lisa an, aber die sitzt nur reglos auf dem Boden. Als Lisa auch nach einer Minute noch keine Anstalten macht, die rosafarbenen Schuhe aus Lenis Kinderzimmer zu holen, platzt Leni der Kragen: „Du bist gefeuert!"

Leni atmet einmal tief durch, um sich wieder zu beruhigen, und dreht sich zu ihrem Teddy: „Heutzutage findet man einfach kein vernünftiges Personal mehr! Meinst du nicht auch, Prinz Brummel?"

Kristin Lückel

Aber Brummel antwortet nicht und sieht Leni auch gar nicht an. Genervt schaut Leni in den Himmel. Da entdeckt sie eine große weiße Wolke, die wie ein Drache aussieht.

„Zu Hilfe!", ruft Leni gespielt ängstlich und wirft sich auf den Rasen. „Der böse Drache ist gekommen, um mich zu entführen. Rette mich, Prinz Brummel!" Doch Brummel sitzt weiterhin nur stumm auf der Decke und bewegt sich nicht.

Leni kann es nicht glauben. „Du bist auch gefeuert, Möchtegern-Prinz Brummel. Ihr seid alle gefeuert!", motzt Leni ihren stummen Hofstaat an und verschränkt schmollend die Arme vor der Brust.

Auf einmal springt Olli auf und rennt bellend und mit dem Schwanz wedelnd zum Gartentor.

Die unbesiegbare Ritterprinzessin

„Hey, was machst'n du da?", fragt plötzlich eine Stimme hinter Leni. Die kleine Prinzessin schaut sich überrascht um und erblickt einen blonden Wuschelkopf und blaue Augen, die neugierig hinter dem Gartenzaun hervorlugen.

„Das sieht man doch, ich spiele Prinzessin", sagt Leni und rollt mit den Augen, aber dann blickt sie den Jungen nachdenklich an. „Hast du vielleicht Lust mitzuspielen?"

„Pfui Teufel, Jungs spielen doch nicht Prinzessin. Niemals! Aber wir könnten zusammen Fußball spielen. Ich bin übrigens Tom."

„Ich bin Leni und Fußball ist doch voll öde. Du musst ja auch keine Prinzessin sein. Du könntest mein Prinz sein. Prinz Tom der Erste von Gartenzaunanien."

„Und was machen Prinzen so?", fragt Tom skeptisch.

„Du begleitest mich zum königlichen Ball und tanzt mit mir und …" Als Leni sieht, dass Tom sie angewidert anschaut, redet sie schnell weiter: „Ich meine, also … ich könnte dich auch zum Ritter schlagen! Dann duellierst du dich mit gefährlichen Zauberern und tötest Drachen und …"

Leni ist ganz außer Puste, so schnell hat sie gesprochen. Sie will Tom unbedingt überzeugen, dass er mitspielt. Unsicher sieht sie ihn an. Bitte, spiel mit mir, bitte, bitte, wiederholt Leni immer wieder in ihrem Kopf.

„Okay, ich mach mit", sagt Tom und klettert flink über den Gartenzaun. „Aber nur als Ritter! Prinzen sind ja wohl voll doof!"

Kaum im Garten angekommen, sucht sich Tom den längsten Ast, den er finden kann, und fuchtelt damit wild durch die Luft.

„Das hier ist mein Schwert, und nun, edle Prinzessin Leni, wer-

Kristin Lückel

de ich, der furchtlose Ritter Tom, den Drachen für Euch töten." Laut schreiend rennt Tom durch den Garten und verschwindet dann hinter den Apfelbäumen. Leni sieht nur ab und zu, wie er mit seinem Schwert schlagend hinter den Bäumen auftaucht, um dann kurz darauf wieder zu verschwinden.

„Nimm das, du Ungeheuer! Ich mach dich fertig. Ahhh, ich bin getroffen", hört Leni ihn rufen. Dann sieht sie, wie Tom stöhnend zu Boden sinkt, um im nächsten Moment wieder aufzuspringen und weiter gegen den unsichtbaren Drachen zu kämpfen.

„Hey, du sollst doch mit mir spielen." Traurig blickt Leni zu den Apfelbäumen. Jetzt ist sie schon wieder alleine! Leni legt sich unglücklich auf die Decke, nimmt die Krone vom Kopf und starrt in den Himmel. Plötzlich taucht ein Schatten über ihr auf. „Was machst du denn?", schimpft Tom. „Der Drache wird jede Sekunde hier sein. Du musst dir schnell ein Schwert suchen und mir helfen, ihn zu bekämpfen."

„Aber ich bin doch eine Prinzessin", sagt Leni verwundert. „Ich kann nicht gegen Drachen kämpfen. Du musst mich beschützen. So steht das in allen Büchern."

„Nee, so geht das nicht. Wenn du nicht mitkämpfst, ist es voll langweilig. Prinzessinnen können bestimmt auch ein Schwert haben. Und zur Not schlägst du dich einfach selbst zum Ritter." Leni horcht auf. Ein Mädchen als Ritter? Geht das denn einfach so? Nachdenklich kaut sie auf ihrer Unterlippe. Hm, warum eigentlich nicht? Wer kann ihr schon vorschreiben, ob Prinzessin Leni nicht auch gleichzeitig Ritter Leni sein kann?!

Die unbesiegbare Ritterprinzessin

„Okay, warte kurz", ruft Leni und rennt in ihr Zimmer. Hastig sucht sie nach ihrem blauen weiten Rock und dem roten T-Shirt.
Danach holt sie noch schnell einen Gürtel aus Mamas Kleiderschrank und bindet ihn sich zweimal um den Bauch.
Schnell läuft sie zurück in den Garten, wo Tom schon ungeduldig wartet und ihr einen langen Stock hinhält.
„So, ich bin bereit. Ritterprinzessin Leni meldet sich zum Dienst", kichert Leni, nimmt von Tom das Stockschwert entgegen und schnappt sich noch schnell ihre goldene Krone.
Und dann geht es mit lautem Gebrüll in einen Kampf gegen den unsichtbaren Drachen, der Lenis Königreich angreifen will.
Auch Olli beteiligt sich bald an der Schlacht und rennt bellend um die beiden lachenden Kinder herum, die sich abwechselnd auf den gefährlichen Drachen stürzen.
„Haha, du kriegst mich nicht", ruft Tom übermütig und stolpert dann fast über Olli, der bellend vor ihm steht.
„Nimm das, du Ungeheuer! Du hast keine Chance, denn die unbesiegbare Ritterprinzessin Leni wird dich bezwingen", johlt Leni voller Freude und stößt wild mit ihrem Schwert nach dem unsichtbaren Drachen.
Bald ist das Ungetüm in die Flucht geschlagen und die beiden Ritter sinken erschöpft zu Boden.
„Das war toll", sagt Leni noch ganz außer Atem.
Tom nickt zustimmend. „Vielleicht kann ich ja morgen wiederkommen und wir kämpfen gegen den bösen Zauberer, von dem du geredet hast."

Kristin Lückel

„Ja, das machen wir. Ab jetzt will ich immer eine Ritterprinzessin sein. Dann kann ich nicht nur über mein Königreich herrschen, sondern es auch zusammen mit meinem edlen Diener beschützen!"

„Genau!", stimmt Tom ihr zu und hält dann inne. „Hey, Moment mal, wen hast du gerade deinen edlen Diener genannt?" Empört schaut Tom die kleine Ritterprinzessin an.

Die unbesiegbare Ritterprinzessin

„Na dich, schließlich bin ich ja nicht nur ein Ritter so wie du, sondern vor allem eine Prinzessin", sagt Leni bestimmt und berührt die goldene Krone auf ihrem Kopf.

„Also, vielleicht könnte ich ja auch … aha!", ruft Tom, als er die Goldkrone auf dem Kopf des ehemaligen Prinzen Brummel sieht. Sofort schnappt er sich die Krone und setzt sie auf.

„Aber ich dachte, Prinzen sind voll doof?", fragt Leni grinsend.

„Na ja, schon, aber ich bin ja schließlich ein Ritterprinz und das ist was ganz anderes", erklärt Tom bestimmt.

„Da hast du wohl recht", schmunzelt Leni. Sie muss sich wirklich anstrengen, um das laute Lachen zu unterdrücken, das in ihrem Bauch kitzelt. „Ritterprinz Tom der Erste von Gartenzaunanien, willkommen in meinem Königreich!"

Antonia Michaelis

Prinzessin Stina ist krank

Es war einmal die Grippe, und Prinzessin Stina kriegte sie. Ihre Zwillingsprinzessin Fina zog zu Prinzessin Orangerie, damit sie sich nicht ansteckte, und so lag Prinzessin Stina ganz alleine im Bett. Manchmal war ihr heiß und manchmal kalt, manchmal war ihr schwindelig, – und ihr Hals tat auch weh.
Der König las ihr aus „Wind in den Weiden" vor und die Königin aus „Pu, der Bär", aber irgendwann musste der König regieren gehen und die Königin Kuchen backen.
„Schlaf dich schön gesund", sagten sie. „Schlafen ist wichtig."
Aber Prinzessin Stina wollte nicht schlafen. Sie kletterte aus ihrem Himmelbett und stellte sich im Nachthemd ans Fenster. Unten im Garten ließen die anderen Prinzessinnen auf dem Seerosenteich Schiffchen schwimmen, schaukelten auf der Schaukel an der Eiche und flochten sich Blumenkränze für ihr Haar.
Prinzessin Stina seufzte tief. Da vernahm sie ein leises Klopfen am Fenster. Draußen auf dem Fensterbrett stand – ja, was war das? Ein winziges Mädchen mit schillernden Schmetterlingsflügeln auf dem Rücken!
Prinzessin Stina öffnete das Fenster, und das winzige Mädchen flatterte herein.
„Wer bist du denn?", fragte Prinzessin Stina verwundert
„Ich bin eine Elfe", sagte die Elfe. „Ich heiße Tina."
„Ach was!", rief Stina. „Fast wie ich!"

Prinzessin Stina ist krank

„Weiß ich: Du bist Stina", meinte Tina. „Und du langweilst dich, stimmt's?"

„O ja!", rief Stina. „Ich langweile mich ganz fürchterlich!"

„Dachte ich es mir doch", sagte die Elfe und sah sich unternehmungslustig um. „Wie wäre es, wenn wir … auf dem Teich Schiffchen schwimmen ließen?"

„Ja, geht das denn drinnen?", fragte Stina. „Hier ist doch gar kein Teich!"

„Du musst nur etwas Saft in die Untertasse hier gießen", sagte Tina. „Jetzt schließ die Augen. Stell dir vor, du wärst so klein wie ich … und mach sie wieder auf."

Da sah Prinzessin Stina zu ihrem Erstaunen, dass sie neben Tina auf dem Nachttisch saß. Sie war nicht größer als die Elfe.

Antonia Michaelis

Tina riss eine Ecke von einem Malblock und faltete ein Schiff. Stina faltete auch eines. Dann setzten sie die Schiffe auf die Untertasse und pusteten, bis sie nur so übers Wasser jagten.

„Und jetzt wollen wir uns Blumenkränze winden!", verkündete Tina. Stina fragte sich, wie sie das machen wollten, wo doch hier gar keine Blumen wuchsen.

„Na, sicher wachsen hier Blumen!", sagte Tina. „Im Muster auf der Tapete!"

Stina staunte nicht schlecht, als sie ein Veilchen pflückte – von der Tapete direkt über Stinas Bett. Sie streckte ihre eigene Hand aus und pflückte zwei Tulpen, eine Osterglocke und elf Gänseblümchen.

Dann setzten sie sich auf den Rand der Safttasse, baumelten mit den Beinen und flochten Kränze für ihr Haar.

„Und jetzt schaukeln wir", erklärte Tina – und dann schaukelten sie in einer Kabelschlaufe der Nachttischlampe, bis sie in die weichen Kissen plumpsten. Da lagen sie und lachten, dass ihnen die Bäuche wehtaten.

„Psst!", zischte Tina plötzlich. „Schritte! Da kommt jemand mit deinem Abendbrot!"

Da sah Stina, dass es draußen schon ganz dämmerig war.

„Schließ schnell die Augen!", wisperte Tina. „Und stell dir vor, du wärst groß!"

Als Stina dieses Mal die Augen öffnete, lag sie unter der Decke, so groß wie immer. Tina war nirgends zu sehen, aber das Fenster stand einen Spaltbreit offen. Kurz darauf kam die Königin herein. Sie trug ein Tablett.

Prinzessin Stina ist krank

„Hier ist etwas Joghurt mit Glibberpfirsich", sagte sie. „Gut für einen kranken Hals! Hast du dich sehr gelangweilt den ganzen Tag?"

„Iwo", antwortete Stina und grinste. „Kein bisschen."

„Morgen nehme ich mir mehr Zeit für dich", versprach die Königin.

„Ach, das musst du nicht", sagte Stina und fühlte nach den Blumen in ihrem Haar. „Ich habe so das Gefühl, ich werde mich morgen auch nicht langweilen."

Maja von Vogel

Die zwei Superhexen

Die beiden Hexenschwestern Abra und Kadabra stehen sich im Garten gegenüber und machen ihre täglichen Hexenübungen. „Wie du weißt, kann ich viel besser zaubern als du", sagt Abra und rückt ihren spitzen Hexenhut zurecht. „Deshalb zeige ich dir jetzt ein besonders schwieriges Hexenkunststück: Ich werde ein Kilo Lakritzschnecken herbeizaubern – jetzt und hier!"
Abra läuft schon bei dem Gedanken an ein Kilo leckere schwarz glänzende Lakritzschnecken das Wasser im Mund zusammen, und sie leckt sich voller Vorfreude die Lippen.
„Na, da bin ich aber gespannt!", höhnt Kadabra. „Ich drück dir die Daumen, dass es diesmal klappt – gestern hat ja leider kein einziger deiner Zaubersprüche funktioniert. Ich hingegen habe ein paar ganz erstaunliche Sachen gezaubert."
„Wenn du die Glatze meinst, die du dir statt der Locken gezaubert hast – das war wirklich ziemlich erstaunlich", kichert Abra. „Aber wie ich sehe, wachsen die Haare ja schon wieder nach. Und wer will schon lange Locken, wenn er so eine schicke Kurzhaarfrisur haben kann?"
„Pass du lieber auf, dass dein Zauberstab nicht wieder explodiert", schimpft Kadabra und zieht die Kapuze ihres Hexenumhangs über ihre raspelkurzen schwarzen Haare. Die Sache mit der Glatze ist ihr immer noch ziemlich peinlich. „Ich geh lieber in Deckung, wer weiß, was diesmal passiert!"

Die zwei Superhexen

Während sich Kadabra in sicherer Entfernung hinter einen Busch hockt, schwenkt Abra ihren Hexenstab, den sie mit Klebeband wieder halbwegs geflickt hat, und ruft mit heiserer Stimme:

„Abra, Abra, schnickschandu,
Lakritzschnecken herbei im Nu,
ein ganzes Kilo soll es sein,
Abra, Abra, schnickschandein!"

Plötzlich wird es dunkel im Garten, weil sich eine dicke schwarze Wolke vor die Sonne schiebt. Wind kommt auf, und ein dumpfes Grollen ist zu hören. Erwartungsvoll schaut Abra nach oben. Gleich müsste es ein Kilo Lakritzschnecken regnen! Aber was dann schließlich aus der Wolke in den Garten hinabregnet, sind keineswegs leckere Lakritzschnecken, sondern eklige, schleimige, dicke, fette schwarze Nacktschnecken! Und zwar nicht nur ein Kilo, sondern mindestens ein Zentner!
Abra quiekt erschrocken und hüpft wie ein wild gewordener Floh auf dem Rasen herum. Dabei rutscht ihr der Hexenhut vom Kopf, und schwups!, schon landen zwei Nacktschnecken in ihren Haaren und hinterlassen dort klebrige Schleimspuren. Schnell packt Abra die Schnecken und schmeißt sie so weit weg, wie sie kann. Rein zufällig landen die Schnecken genau im Gesicht von Kadabra, die immer noch hinter ihrem Busch hockt und sich vor Lachen fast in die Hose macht. Jetzt vergeht ihr das Lachen allerdings ziemlich schnell.

Maja von Vogel

„Iiiih", schreit sie und verzieht angeekelt das Gesicht, während sie die Schnecken aus ihrem Gesicht pult, „ich werde vollgeschleimt – bäääh!"

Zum Glück ist der Schneckenregen bald vorbei, die schwarze Wolke zieht weiter, und die Sonne vertreibt die Schnecken. Sie

Die zwei Superhexen

verziehen sich unter die Büsche und ins Gemüsebeet und hinterlassen dabei glitzernde Schleimspuren auf dem Rasen.
„Na, das war wohl nichts!", sagt Kadabra hämisch und kommt hinter dem Busch hervor. „So einen Reinfall hast selbst du dir schon lange nicht mehr geleistet – herzlichen Glückwunsch!"
„Ach was", brummt Abra ärgerlich. „Das kann schließlich der begabtesten Hexe mal passieren. Mach's doch besser, wenn du kannst, statt hier große Töne zu spucken!"
„Ob du's glaubst oder nicht, genau das habe ich vor", sagt Kadabra und stellt sich mitten auf den Rasen. „Sieh hin und staune: Jetzt wirst du gleich erleben, wie man richtig zaubert – und dann werden wir ja sehen, wer die bessere Hexe von uns beiden ist."
Kadabra hebt die Arme, macht ein ernstes Gesicht und murmelt:

„Kadabra, Kadabra, schnickschandaus,
saure Drops, kommt jetzt heraus,
zwei Kilo, bitte, rund und sauer,
Kadabra, Kadabra, schnickschandauer."

„Schon wieder saure Drops!", brummt Abra und verdreht die Augen. „Das hat doch letzte Woche schon nicht geklappt."
„Schschsch", zischt Kadabra und hält angestrengt Ausschau nach der Drops-Wolke. Da kommt sie schon angeschwebt und macht genau über dem Hexengarten halt. Sie ist ziemlich dick und giftgrün.

Maja von Vogel

„Mmmmh, lecker", freut sich Kadabra. „Grüne Drops! Die mag ich am liebsten."

Sie schließt die Augen, legt den Kopf in den Nacken und öffnet weit den Mund. Sie kann den leckeren sauren Geschmack grüner Drops schon fast auf der Zunge spüren, als ihr tatsächlich etwas in den Mund fliegt. Genüsslich fängt Kadabra an zu lutschen – aber was ist das?!

„Igitt, das schmeckt ja widerlich!", ruft Kadabra und spuckt in hohem Bogen eine giftgrüne saure Gurke aus. „Ich hasse saure Gurken!"

Diesmal ist es Abra, die sich vor Lachen krümmt. „Hahaha, saure Gurken, das ist wirklich zum Schreien komisch", kreischt sie, während fünf Kilo Gurken auf den Rasen prasseln. „Du hast nicht zu viel versprochen – ein super Hexenspruch, ganz ehrlich!"

Als der Gurkenregen aufgehört hat, sitzen Abra und Kadabra zwischen den sauren Gurken auf dem Rasen. Missmutig fischt sich Kadabra eine verirrte Gurke aus dem Ärmel, während Abra probehalber an einem kleinen Gürkchen knabbert.

„Ich hab schon was Besseres gegessen", murmelt Abra und verzieht das Gesicht. „Auf jeden Fall kein Vergleich zu Lakritzschnecken!"

„Und zu sauren Drops erst recht nicht. Dabei würde ich jetzt so gerne ein paar saure Drops lutschen", sagt Kadabra sehnsüchtig. „Wenn ich nur wüsste, warum der blöde Spruch nicht funktioniert hat!"

„Ich hätte da vielleicht eine Idee", überlegt Abra. „Wir könnten

Die zwei Superhexen

es ja mal gemeinsam versuchen – dann ist die Chance doppelt so groß, dass es klappt!"

„Meinst du?", fragt Kadabra und runzelt die Stirn. „Ich weiß nicht … Nachher regnet es dann gleichzeitig Nacktschnecken und saure Gurken. Aber das kann ja auch ganz lustig sein. Also gut – von mir aus können wir es probieren."

Maja von Vogel

Die Hexenschwestern stellen sich nebeneinander, fassen sich an den Händen und rufen:

„Abrakadabra, schnickschandops,
Lakritzschnecken und saure Drops,
gemeinsam klappt das Hexen besser,
Abrakadabra, schnickschandesser."

Kaum haben sie das letzte Wort gesprochen, fängt es auch schon an, schwarze Lakritzschnecken und saure Drops in allen Farben zu regnen.
„Verhext und zugenäht, es hat tatsächlich geklappt", staunt Abra und reißt sich ihren Hexenhut vom Kopf, um möglichst viele Lakritzschnecken aufzufangen.
„Buper Ibee bon bir", schmatzt Kadabra, die den Mund schon voller saurer Drops hat.
„Tja, zusammen sind wir eben doch zwei echte Superhexen!", sagt Abra und beißt zufrieden in eine Lakritzschnecke.

Stephanie Polák

Schokoprinz gesucht

„Mein Kind, es wird Zeit, dass du heiratest", sagte der König eines Tages zu Prinzessin Amelia. „Einen Prinzen oder zumindest einen Ritter."

Amelia legte die Stirn in Falten und dachte nach. Schließlich antwortete sie: „Gut, Vater, aber ich heirate nicht den Erstbesten. Ich heirate denjenigen, der den leckersten Schokoladenkuchen backt."

Der König schüttelte den Kopf, doch da er seine Tochter gut kannte, wusste er, dass Widerrede zwecklos war. Die Prinzessin liebte Schokoladenkuchen mehr als alles andere auf der Welt, und wenn es ihr Wunsch war, den besten Bäcker des Landes zu heiraten, dann sollte das eben so sein.

Also wurde am nächsten Tag im ganzen Land verkündet, dass die Prinzessin gedachte, den besten Schokoladenkuchenbäcker zu heiraten. Sofort begannen alle Prinzen, Ritter und Edelmänner des Landes, backen zu lernen. Da wurden Schokoladentafeln geschmolzen, Mehl und Eier vermengt, aber auch flüssige Butter verschüttet und Kuchen verkohlt. Es war ein heilloses Durcheinander.

Eine Woche später war es so weit: Der große Wettbewerb fand statt. Über Hundert Männer waren gekommen, um ihre Backwaren zu präsentieren. Prinzessin Amelia und der König saßen im Thronsaal und ließen einen nach dem anderen antreten.

Stephanie Polák

Amelia probierte mit einem goldenen Löffelchen die ersten Kuchen und stellte bald fest, dass diejenigen, die am aufwendigsten verziert waren, am schlechtesten schmeckten. Eine dicke Schokoladenglasur konnte nun mal einen angebrannten Kuchen nicht verstecken.

Ab und an war ein Kuchen dabei, der Amelia wohl mundete. Dann wiegte sie den Kopf hin und her. Der König hoffte jedes Mal, dass das nun der Kuchen war, der auserwählt würde. Doch dann sagte Amelia wieder: „Mhm, nicht schlecht. Aber irgendetwas fehlt."

Als es Abend wurde und die meisten Bewerber von Amelia fortgeschickt worden waren, glaubte der König nicht mehr daran, dass seine Tochter jemals heiraten würde.

Und als die Nacht hereinbrach, war er auf seinem Thron eingeschlafen, doch Amelia probierte weiterhin einen Schokokuchen nach dem anderen. Schließlich rief sie laut auf: „Dieser hier ist es!"

Erschrocken fuhr der König in die Höhe und sah seine Tochter verwirrt an.

Amelia strahlte: „Vater, dies ist der beste Schokoladenkuchen, den ich je gegessen habe. Probier selbst."

Der König kostete ein Stückchen, doch er merkte keinen großen Unterschied zu den hundert anderen, die er in den letzten Stunden probiert hatte. Dennoch war er froh, dass die Suche ein Ende hatte, und nickte begeistert. „Wo ist nun der vorzügliche Bäcker? Ist er ein Prinz?", fragte er und schaute sich suchend nach seinem zukünftigen Schwiegersohn um.

Schokoprinz gesucht
....

Stephanie Polák

Amelia seufzte laut. „Leider hat er sich uns noch nicht gezeigt. Der Kuchen wurde von einem Boten gebracht."

Der König sah seine Tochter wütend an. „Soll das heißen, dieses ganze Theater war umsonst? Jetzt haben wir den perfekten Schokoladenkuchen gefunden, aber den dazugehörigen Schwiegersohn nicht?"

Amelia nickte. „Aber schau nur die Platte, auf der der Kuchen steht. Siehst du das königliche Wappen? Das heißt, dass der Kuchen hier im Schloss gebacken wurde."

Die Miene des Königs hellte sich auf. Er rief die Wachen. „Holt mir sofort den Bäcker dieses Kuchens aus der Küche!"

Die Wachen stürmten in die Schlossküche und kehrten kurz darauf mit dem Küchenjungen Hugo im Schlepptau zurück.

Schokoprinz gesucht

....

Der König funkelte den Burschen an. „Du hast diesen Kuchen gebacken?"

Hugo nickte und schaute schüchtern auf den Boden.

Ratlos sah der König zwischen Hugo und Amelia hin und her. Amelia zuckte mit den Schultern. Und so sprach der König, der froh war, dass der Wettbewerb nun beendet war: „Tja, ein Prinz oder Ritter bist du wohl nicht. Aber nun denn, so soll es wohl sein." Er erhob sich und klopfte Hugo fest auf den Rücken. „Du wirst meine Tochter heiraten."

Als die Menge zu jubeln begann, schaute Hugo noch immer auf den Boden. Was der König allerdings nicht sah, war, dass Hugo übers ganze Gesicht strahlte. Der König sah auch nicht, dass Amelia ihrem Hugo heimlich zuzwinkerte. Und wäre der König in der Nacht davor auf die Idee gekommen, sich ein Glas Milch aus der Schlossküche zu holen, wäre er dort auf seine Tochter getroffen, die dem Küchenjungen Hugo half, einen Schokoladenkuchen zu backen. Den besten Schokokuchen überhaupt.

Quellenverzeichnis

Abedi, Isabel Ein Wunsch für die kleine Fee, ©2006 arsEdition GmbH, München

Bellinda Der erkältete Zauberstab, ©Rechte bei der Autorin

Funke, Cornelia Der namenlose Ritter, aus: Cornelia Funke, Leselöwen-Rittergeschichten, illustriert von der Autorin, ©1994 Loewe Verlag GmbH, Bindlach

Janisch, Heinz Her mit den Prinzen, ©Annette Betz in der Ueberreuter Verlag GmbH, Berlin (1. Auflage: 2002)

Lückel, Kristin Die unbesiegbare Ritterprinzessin, ©Rechte bei der Autorin

Mauder, Katharina Meerschaum und Muscheldiademe, ©Rechte bei der Autorin

Michaelis, Antonia Prinzessin Stina ist krank, ©Rechte bei der Autorin

Michaelis, Antonia Ekelspinne, ©Rechte bei der Autorin

Polák, Stephanie Schokoprinz gesucht, aus: Stephanie Polák: Prinzessin im Anflug, ©2012 Esslinger in der Thienemann-Esslinger Verlag GmbH, Stuttgart

von Vogel, Maja Die zwei Superhexen, ©Rechte bei der Autorin

Wilke, Jutta Netti Spaghetti, ©Rechte bei der Autorin

Illustratoren

Großekettler, Friederike Die zwei Superhexen, Der erkältete Zauberstab, aus: Hex, Hex! Zauberhafte Hexengeschichten, ©Verlag Ernst Kaufmann, Lahr
   Her mit den Prinzen!, Schokoprinz gesucht, Meerschaum und Muscheldiademe, aus: Einmal nur Prinzessin sein, ©Verlag Ernst Kaufmann, Lahr

Ishida, Naeko Der namenlose Ritter, Die unbesiegbare Ritterprinzessin, aus: Die kleine Prinzessin und der Zauberspiegel, ©Verlag Ernst Kaufmann, Lahr
   Ein Wunsch für die kleine Fee, Netti Spaghetti, aus: Zauberhafte Feengeschichten, ©Verlag Ernst Kaufmann, Lahr

Merle, Katrin Ekelspinne, Prinzessin Stina ist krank, aus: Einfach Zauberhaft, ©Verlag Ernst Kaufmann, Lahr